목사님, 십자가 강도의 구원이 궁금해요!

변승우 지음

도서
출판 **거룩한진주**

CONTENTS

1 저의 처녀작
『지옥에 가는 크리스천들』에 나오는 설명! 11

2 『너희가 그러고도 천국 갈 줄 아느냐!』
(김경규 교수의 책)에 나오는 설명! 19

3 최근에 다시 깨달은 십자가 강도의 구원! 29

(1) 십자가 강도는 참 회개를 하였다! 30
(2) 십자가 강도는 참 믿음을 가졌다! 31
(3) 십자가 강도는 우리와 달리 임종 때 구원받았다. 34

달린 행악자 중 하나는 비방하여 이르되
네가 그리스도가 아니냐 너와 우리를 구원하라 하되

하나는 그 사람을 꾸짖어 이르되
네가 동일한 정죄를 받고서도
하나님을 두려워하지 아니하느냐?

우리는 우리가 행한 일에
상당한 보응을 받는 것이니 이에 당연하거니와
이 사람이 행한 것은 옳지 않은 것이 없느니라 하고

이르되 예수여 당신의 나라에 임하실 때에
나를 기억하소서 하니

예수께서 이르시되 내가 진실로 네게 이르노니
오늘 네가 나와 함께 낙원에 있으리라 하시니라.

누가복음 23:39-43

성경에서 가장 중요한 내용이 무엇일까요? 바로 구원론입니다. 다음 성구들은 그것을 분명하게 보여줍니다.

디모데후서 3:15 "또 어려서부터 **성경**을 알았나니 성경은 능히 너로 하여금 그리스도 예수 안에 있는 믿음으로 말미암아 **구원에 이르는 지혜**가 있게 하느니라."

세상 어떤 책이나 어떤 경전에도 구원에 이르

는 지혜가 없습니다. 오직 성경에만 있습니다. 그러므로 기독교 외에는 모든 종교가 헛것입니다.

요한복음 6:68 "시몬 베드로가 대답하되 **주여 영생의 말씀이 주께 있사오니 우리가 누구에게로 가오리이까?**"

우리는 "영생의 말씀", 즉 구원에 이르는 지혜인 복음 때문에 예수님을 절대 떠날 수 없습니다. 즉, 교회를 절대로 떠날 수 없습니다.

그러니 목회자들에게 가장 중요한 것이 무엇일까요? 올바른 구원론을 깨닫고 전하는 것입니다. 이것이 가장 중요합니다. 때문에 바울은 이렇게 경고했습니다.

갈라디아서 1:8-9 "그러나 **우리나 혹은 하늘로부터 온 천사라도 우리가 너희에게 전한 복음 외**

에 다른 복음을 전하면 저주를 받을지어다. 우리가 전에 말하였거니와 내가 지금 다시 말하노**니 만일 누구든지 너희가 받은 것 외에 다른 복음을 전하면 저주를 받을지어다.**"

잘 들으십시오. 어떤 구원론을 가졌느냐에 따라 성도들의 질과 교회의 질이 결정됩니다. 또한, 그것이 목회자와 성도들 대다수의 영원한 운명을 좌우합니다. 때문에 저는 구원론이 교회 선택의 최우선적인 기준이 되어야 한다고 믿습니다.

우리는 진리를 옳게 분별해야 합니다. 복음을 정확히 깨닫고 조금도 타협하지 말고 전해야 합니다. 그런데 우리가 그렇게 하면 구원파적인 거짓 구원론에 속고 있는 목회자나 신자들이 바로 들고나오는 것이 있습니다. 바로 십자가 강도의 구원입니다.

그들은 "예수님 옆에 십자가에 달린 강도도 낙

원에 갔는데, 그가 한 일이 무엇이냐?"고 묻습니다. "아무것도 행한 것이 없지 않느냐? 그런데 천국에 갔다. 그러므로 믿기만 하면 말씀대로 못 살아도 반드시 천국에 간다!"고 주장합니다.

정말 그럴듯하지요! 그래서 아무리 성경적인 구원론을 설명해 주어도 거부하고 잘못된 구원론에서 헤어 나오지 못하는 사람들이 교회들 안에 너무 많습니다. 그리고 그들 중 다수가 대강대강 신앙생활하며 죄 가운데 살다가 지옥에 떨어집니다.

이것은 매우 오래된 미혹의 근원입니다. 이것 때문에 수많은 목사와 신자들이 자기기만에 빠져 있습니다. 구원받지 못했어도 구원받았다고 착각하고 구원의 확신을 가지고 살아갑니다. 버림받아 지옥에 갈 자들이 천국에 간다고 철석같이 믿고 있습니다. 그렇게 회개할 기회가 차단된 채로 살아가다가 지옥에 떨어집니다. 끔찍한 일이 아닐 수가 없습니다.

저는 지금도 무지하여 지옥으로 가고 있는 수많은 목사들과 신자들을 구원하기 위해 반드시 이것을 파쇄해야 된다고 믿습니다. 그래서 이것이 그들이 믿고 있는 가짜 구원론의 근거가 아니고 전혀 무관하다는 것을 밝히 증명하고자 합니다.

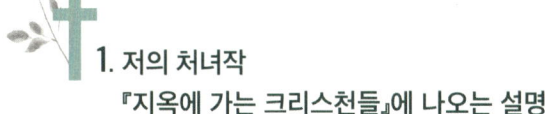

1. 저의 처녀작
『지옥에 가는 크리스천들』에 나오는 설명!

약 20년 전, 울산에서 작은 교회를 목회할 때 저는 『지옥에 가는 크리스천들』이라는 책을 썼습니다. 그 책은 사람들의 예상과 달리 베스트셀러가 되었습니다. 그 책 한 권 때문에 서울에 사랑하는교회가 세워졌다고 말해도 과언이 아닙니다.

저는 그 책에서 십자가 강도의 구원을 다뤘습니다. 감사하게도 오래전 설명인데도 나쁘지 않습니다. 그래서 먼저 그것을 소개해 드리고자 합니다.

"많은 사람들이 이렇게 생각합니다.

'예수를 믿고 말씀에 순종한 사람은 상을 받고 영광스러운 구원을 받는다. 그러나 말씀대로 살지 못했더라도 예수님을 믿은 사람은 최소한 부끄러운 구원은 받는다.'

이것은 사실이 아닙니다. 이런 종류의 부끄러운 구원은 존재하지 않습니다. 왜냐하면 천국은 아버지의 뜻대로 행하는 자라야 들어가는 곳이기 때문입니다. 그러므로 신자들이 흔히 부끄러운 구원을 받게 된다고 믿는 대상은 사실은 지옥에 가는 자들입니다.

또, 부끄러운 구원이란 용어 자체도 문제가 있습니다. 어떤 의미에서 그것은 비성경적인 용어입니다. 물론 심판 날 상 받는 것이 전혀 혹은 거의 없는 사람은 상대적으로 부끄러움을 느낄 것입니다. 그런 의미에서 그들의 구원을 부끄러운 구원이라고 부르는 것이 불가능한 것이 아닙니다. 그러나 오늘날 많은 사람들이 단순히 상이 많지 않은 사람이 아니라 예수님을 믿지만 행함이 없는 사람들이 부끄러운 구원을 받는다고 믿고 있습니다. 이것은 분명히 잘못입니다.

로마서 10:11 '성경에 이르되 누구든지 저를 믿는 자는 부끄러움을 당하지 아니하리라.'

예수님을 믿는 자들은 결코 부끄러움을 당하지 않습니다. 구원받은 자가 심판석에서 하나는 영광스럽게 되고 하나는 수욕을 당하게 되어 있는 것이 아닙니다. '해의 영광도 다르며 달의 영광도 다르며 별의 영광도 다른데 별과 별의 영광이 다르도다. 죽은 자의 부활도 이와 같으니'(고전 15:41-42)라는 말씀과 같이 모두 영광스럽게 되는데, 영광이 서로 다를 뿐입니다.

이틀 전, 제가 새벽기도 시간에 이 말을 했더니, 한 집사님이 '**그러면 십자가 강도는 어떻게 된 것입니까?**'하고 물으셨습니다. 여러분도 꽤나 궁금할 것입니다. 왜냐하면 부끄러운 구원을 주장하는 사람들이 단골로 들고나오는 메뉴가 십자가 강도의 구원이기 때문입니다.

그들은 이렇게 주장합니다. '행함이 있는 산 믿음이 있어야만 천국에 들어간다는 말은 당치 않다. 십자가 강도를 보라. 그는 십자가 위에서 회개하고 예수님을 믿었다. 그는 아무것도 행한 것이 없다. 그럼에도 불구하고 예수님은 그에게 '네가 오늘 나와 함께 낙원에 있으리라'고 약속하셨다. 그러므로 예수를 믿기만 하면 행한 것이 아무것도 없어도 천국에 갈 수 있다.'

언뜻 들으면 이 말은 아주 옳아 보입니다. 그러나 그렇지 않습니다. 왜 그런지 여러분에게 설명해 드리겠습니다. **십자가 강도는 회개하였습니다.** 여기에 대해서는 이견이 없습니다.

그런데 회개가 무엇입니까? 많은 사람들이 죄를 끊어버리는 것이 회개라고 생각합니다. 그것은 회개라는 단어의 한자의 뜻이고 틀린 말은 아닙니다. 그러나 **정확히 말하면 회개는 죄를 끊어버리는 것이 아닙니다.** 그것은 마태복음 3장 8절에 기록되어 있는 대로 '회개에 합당한 열매'입니다.

회개는 헬라어로 '메타노이아'라고 하는데, 그 뜻은 '마음을 바꾸다' 혹은 '생각을 바꾸다'입니다. **회개는 마음과 생각을 바꾸는 것입니다. 이것이 회개고, 그 후 자연히 그리고 필연적으로 언행이 바뀌게 되어 있는데 그것은 회개의 열매입니다.** 이에 대해 기독교 심리학자 존 화이트는 '회개에 따르는 참 변화의 심리학'을 다룬 『내적 혁명』이라는 책에서 이렇게 썼습니다.

'회개는 내적 혁명이다. 회개는 참되고 지속적인 변화를 가져오는 깊고 내적인 전환이다. …[1]

---

[1] 존 화이트 『내적 혁명』 김경옥 옮김. 서울: 죠이선교회출판부, 1997. p. 20.

회개와 변화는 동일한 것인가? 둘은 서로 연관은 있지만 동일하지는 않다. 회개는 지속적인 변화에 선행되는, 의식의 변화와 의지적 반응이 합쳐진 내적 혁명이다. 회개는 행동의 변화 앞에 온다. 즉 변화를 위한 길을 연다. 회개는 행동의 변화를 일으키는 기초적 구조, 다시 말해서 긍정적이고 지속적인 변화를 위한 참된 희망을 주는 유일한 구조이다.'[2]

이것을 염두에 두고 십자가 강도에 대해 생각해 봅시다. 여러분은 어떻게 생각하십니까? 십자가 강도의 마음이 바뀌지 않았을까요? 아니지요. 그는 분명히 마음이 바뀌었습니다.

성경에 보면, 처음에는 두 강도가 모두 예수님을 조롱했습니다. 그러다가 돌연 한 강도가 '우리는 우리의 행한 일에 상당한 보응을 받는 것이나 이 사

---

2 존 화이트 『내적 혁명』 김경옥 옮김. 서울: 죠이선교회출판부, 1997. p. 22.

람이 행한 일은 옳지 않은 것이 없다.'고 합니다. 그리고 '예수여, 당신의 나라에 임하실 때에 나를 기억하소서.'라고 진지하게 간구했습니다. 왜 그가 이렇게 갑자기 변했을까요? 이유는 단 하나, 마음이 바뀌고 생각이 달라졌기 때문입니다.

그의 마음과 생각이 바뀌었다는 것은 십자가에 달린 예수님을 보고 믿었다는 사실을 통해서도 뒷받침됩니다. 다른 사람들은 큰 무리에게 둘러싸여 은혜로운 말씀을 선포하고 놀라운 기적을 행하는 예수님을 보고도 믿지 않았습니다. 그러나 강도는 자기 같은 사형수로 처참하게 죽어 가는 십자가에 달린 예수님을 믿었습니다. 이것이 마음이 바뀌지 않고 가능한 일입니까? 그러므로 강도의 마음이 바뀌었음이 분명합니다.

그런데, 바울은 로마서 12장 2절에서 '마음을 새롭게 하므로 변화를 받아'라고 썼습니다. 그래서 저는 확신을 가지고 말할 수 있습니다. 만약 십자가 강도의 형 집행이 중단되고 새 삶의 기회가 주어졌다면 그는 결코 과거와 같은 삶을 살지 않았을 것입니다. 왜냐하면 그의 마음이 새로워졌기 때문입니다.

그런데, 오늘날 수많은 신자들이 십자가 강도와 달리 예수를 믿은 지 몇 주, 몇 달, 몇 년 심지어는 수십 년이 지났는데도 죄를 끊어버리지 않고 여전히 회개에 합당한 열매를 보여주지 못하고 있습니다. 그러면서 어리석게 십자가 강도가 구원받았으니 자기도 부끄러운 구원은 받을 것이라고 말합니다. 이것은 어불성설(語不成說)입니다. 왜냐하면 두 경우가 분명히 서로 다르기 때문입니다. 그러므로 십자가 강도는 사람들이 생각하는 그런 부끄러운 구원의 실례가 아닙니다."[3]

---

3 변승우 『지옥에 가는 크리스천들』 서울: 은혜출판사, 2008. pp. 206-210.

2. 『너희가 그러고도 천국 갈 줄 아느냐!』 (김경규 교수의 책)에 나오는 설명!

앞에서 저는 회개가 마음과 생각을 바꾸는 것이라는 원어의 뜻에 근거해서 십자가 강도는 마음이 바뀌는 회개를 했고 그러므로 시간이 충분히 주어졌다면 분명히 회개의 합당한 열매를 삶을 통해 보여주었을 것이라고 했습니다. 이에 반해 김경규 교수님의 설명은 십자가 강도가 이미 십자가에서 변화된 것을 보여주었다고 지적한 것이 강점입니다. 다시 보아도 좋은 설명입니다. 그래서 그것도 소개해 드리겠습니다.

"'단순한 믿음을 통한 구원'의 예로 성경이 제시한 오른편 강도의 믿음에 대해 살펴보도록 하겠습니다. … 죽음을 목전에 둔 오른편 강도가 결국 구원을 받았습니다. 그러나 **그 강도는 너무**

짧은 시간 동안 (고작해야 반나절) 예수를 믿었기 때문에 믿음이 진짜인지 확인할 수 있는 열매를 기다릴 여유가 전혀 없었기에, 그의 믿음은 단순한 믿음이었다는 것입니다. 그러므로 (회개나 순종이 없는) '단순한 믿음'을 통해 구원받는다는 말이 틀린 말이 아니라는 것입니다. … 그러나 이 예증은 몇 가지 중요한 사실을 간과하고 있습니다.

첫째는 **'성경을 한 부분만 보았다'**는 점입니다. 많은 사람들이 이 예증에서와 같이 '오른편에 달린 강도는 삶에 언제 변화가 나타날 기회가 있었느냐, 그런 것이 없었어도 구원받아 천국에 가지 않았느냐'고 반문합니다. 그러나 **성경을 자세히 보십시오. 두 강도는 처음에는 다 같이 예수님을 비방하고 욕했습니다. 그러나 나중에 오른편 강도는 회심을 하였습니다.** 마태복음 27장, 마가복음 15장, 그리고 누가복음 23:39 이하의 기록을

대조해보면 나타납니다.

누가와 달리 마태와 마가는 두 강도들이 예수님을 조롱하고 욕하는 모습을 기록해놓고 있습니다. 얼핏 보면 성경이 상반된 내용을 기록해놓은 것처럼 보입니다.

그러나 결코 그렇지 않습니다. 마태와 마가는 십자가에 달린 지 얼마 안 된 후의 상황을 묘사해놓고 있습니다. 반면에 누가는 십자가에 달린 지 어느 정도의 시간이 흐른 후 이제 운명을 많이 남겨놓지 않은 어느 시점의 정황을 기록해놓고 있습니다. '고작해야 반나절' 밖에 남지 않은 시점의 상황을 보여주는 것입니다.

마태와 마가의 증언에 의하면, 처음에는 두 강도 모두 다 예수님을 저주하고 비방하며 욕했습니다. '저가 하나님을 신뢰하니 하나님이 저를 기뻐하시면 이제 구원하실지라. 제 말이 나는 하나님의 아들이라 하였도다 하며 함께 십자가에 못 박힌 강도들도 이와 같이 욕하더라.'(마 27:43-44) '이스라엘의 왕 그리스도가 지금 십자가에서 내려와 우리로 보고 믿게 할지어다 하며 함께 십자가에 못 박힌 자들도 예수를 욕하더라.'(막 15:32)

그러나 마가의 증언에 의하면, 오른쪽 강도는 어느 순간부터는 왼편 강도와 더 이상 행동을 같이 하지 않은 것을 볼 수 있습니다. 그도 처음에는 왼편 강도와 똑같았습니다. 같이 욕하고 같이 조롱하고 같이 저주했습니다. 그런데 언제 어떻게 된 일인지는 정확히 알 수 없지만, **분명한 것은 오른편 강도는 달라졌다는 것입니다. 그에게 변화가 나타났다는 것입니다.** 누가는 바로 그 오른편 강도의 변화된 모습에 초점을 맞추어 증언하고 있습니다.

오른쪽 강도는 자신이 죄인임을 깨달았습니다. 그리고 예수님께서 의인 되심을 알게 되었습니

다. 아마 십자가에 달린 예수님에 대해 그는 이미 들어서 어느 정도 알고 있었을 것입니다. 그러나 그분을 가까이서 겪어보지는 못했던 것 같습니다. 그래서 처음엔 예수님을 욕하고 조롱하고 저주했지만, 그가 어느 정도의 시간을 십자가에 달린 예수님과 함께하고 난 다음에는 달라졌습니다. 당신을 십자가에 못 박은 자들을 용서해 달라는 예수님의 기도는 아마도 그의 마음을 결정적으로 움직이는 계기가 되었을지도 모릅니다. 또는 당신을 조롱하는 수많은 무리들을 향하여 대항하거나 남을 욕하거나 원망하지 않는 고결한 모습은 그의 마음을 움직이는 또 다른 계기가 되었을지도 모릅니다. 크나큰 고통 중에서도 감사하며 평안을 잃지 않는 주님의 모습에 오른편 강도는 큰 감명을 받았음에 틀림없습니다. 그리고는 그를 바라보면 볼수록 그는 심경에 변화가 생겼을 것입니다. '과연 듣던 대로 이분은 죄 없는 하나님의 아들이시구나.' 그는 자신이 죄인임을 깨달았습니다. … 오른편 강도는 십자가에 달린 예수님을 바라보고 자신이 죄인임을 깨달았습니다. 그래서 그는 자기가 십자가에 달려 죽어가는 것은 마땅한 것이라고 생각하게 되었습니다. '우리는 우리의 행한 일에 상당한 보응을 받는 것이니 이에 당연하거니와.'(눅 23:41)

그리고 그는 하나님을 두려워하는 자가 되었습니다. 믿음을 소유하게 된 것입니다. '하나는 (오른편 강도) 그 사람을 꾸짖어 가로되 네가 동일한 정죄를 받고서도 하나님을 두려워 아니하느냐?' (눅 23:40) 그리고 악한 자를 꾸짖고 대적했습니다. 그리고 예수님을 변호했습니다. 그는 하늘나라가 있음을 알았습니다. 그리고 그 하늘나라의 주인이 예수님인 것도 알았습니다. '가로되 예수여 당신의 나라에 임하실 때에 나를 생각하소서 하니.'(눅 23:42) 그는 하늘나라를 소망했습니다.

도저히 바랄 수 없을 것 같은 사람이 하늘나라를 바라봅니다. …

그에게는 참으로 놀라운 변화들이 많이 일어났습니다. 마음이 새로워졌습니다. **그는 비록 늦었지만 이제 더 이상 왼쪽 강도와 같지 않았습니다. 그는 달라졌습니다. 더 이상 옛날의 그가 아니었습니다.** 이제는 왼쪽 강도의 잘못을 꾸짖는 자가 되었습니다. 원래 이 오른편 강도도 십자가에 처음 달렸을 땐 왼편 강도와 같이 예수님을 비방하고 욕했던 사람이었습니다. 아마도 왼쪽 강도가 황당했을 것입니다. '뭐 이런 녀석이 다 있어? 너 갑자기 왜 이래?' 뭐 이런저런 대화가 오고 갔을 것입니다. 그러나 성경은 그러한 것까지 다 기록해놓지 않았을 뿐입니다.

마음이 새로워지면 행동에 변화가 나타나게 되어 있습니다. 즉, 믿음은 행동의 변화를 동반한다는 것입니다. 그래서 예수님께서도 마지막 날에, 양과 염소를 가르실 때 그들의 세상에서의 행위를 심판의 기준으로 삼으시는 것입니다(마 25:31-45). 믿음을 오해한 사람들은 예수님께서 '믿음으로 천국 간다'고 말씀하시고서 왜 우리의 삶의 행위를 근거로 하여 심판하신다고 하시는지 잘 이해하지 못합니다. 그러나 믿음은 오로지 그의 삶의 행위로서만 나타나고 증거되며 입증될 수 있기 때문입니다(약 2:18). 오른편 강도는 회심하여 아주 뚜렷한 행동의 변화를 보여주고 있습니다. 오른편 강도는 비록 믿음의 연조(?)는 짧지만 그는 온전히 회심한 사람입니다. 그리고 온전한 회개의 열매도 맺은 사람입니다. 그는 예수님을 욕하던 자리에서 예수님을 변호하는 자로 바뀌었습니다. …

지금 죽어가는 사람이 확실히 회개하지 않았다면, 예수님을 확실히 믿지 않았다면, 누가가 기록한 이러한 이상한 일들은 결코 일어나지 않앉을 것입니다. 오른편 강도는 예수님을 사랑하는 사람으로 변화되었습니다. 그것이 행동으로 나타났습니다.

그는 더 이상 죄악의 편에 서지 않았습니다. 그는 더 이상 예수님을 비방하는 자가 아니었습니다. 오히려 마귀를 대적하는 자의 자리에 든 것입니다. 그는 인격적인 예수님을 인격 대 인격으로 만났습니다. 그리고 예수님을 아는 자가 되었습니다. 그래서 그는 '이분에게는 옳지 않은 것이 없다'고 담대히 말할 수 있었습니다(눅 23:41). **그리고 그는 예수님은 아무리 흉악한 죄인이라도 참되게 회개하면 과거의 모든 죄를 용서해 주시고 받아주시는 분이라는 것을 알았습니다. 그리고 소망 중에 예수님을 믿었습니다(눅 23:42).**

예수님께서는 이러한 오른편 강도의 회개와 믿음을 보셨습니다. 그리고는 다음 말씀처럼 예수님은 그 오른편 강도를 받아주셨습니다. '내가 진실로 네게 이르노니 오늘 네가 나와 함께 낙원에 있으리라 하시니라.'(눅 23:43) … **오른편 강도는 비록 짧은 시간밖에 믿음을 가질 수 있는 기회가 없었습니다. 그렇지만 그에게는 자신의 회개의 열매와 믿음을 입증할 만한 확실하고도 많은 증거들이 있었습니다.** 이와 같은데도 '오른편 강도는 자신의 믿음이 참인지 증명할 만한 열매를 맺기에 충분한 시간적 여유가 없었다'고 할 수 있을까요?"[4]

어떻습니까? 십자가 강도의 구원이 구원파적인 구원론을 가진 자들이 주장하는 부끄러운 구원의 실례가 아니라는 것이 확실히 보이시지요!

참고로, 이 견해는 제 견해와 모순처럼 보이지

---

4 김경규 『너희가 그러고도 천국 갈 줄 아느냐!』 서울: 라이프 비전, 2010. pp. 70-76.

만 사실은 모순이 아닙니다. 왜냐하면 저는 회개에 합당한 열매 중 행동에 초점을 맞춰서 설명했고, 이것은 행동이 아니라 생각과 말에 초점을 맞추어 설명한 것이기 때문입니다. 그러므로 의미상 서로 모순이 되지 않고 둘 다 병행해서 사용할 수 있는 유효한 설명입니다.

3. 최근에 다시 깨달은 십자가 강도의 구원!

이미 소개해드린 두 가지로도 충분하나, 최근에 깨달은 십자가 강도에 대한 종합적인 깨달음을 여러분과 나누고 싶습니다.

어느 날 주일에 운전하며 교회로 가고 있을 때였습니다. 당시 십자가 강도와 함께 미혹의 양대 근원인 로마서 7장에 대한 설교를 준비 중이어서 자연스럽게 십자가 강도에 대해 생각하게 되었습니다. 그때 그의 구원을 어떻게 설명해야 하는지

간단하면서도 충분한 설명이 떠올랐습니다. 그것을 세 가지로 정리해 놓았는데 여러분과 나누고자 합니다.

(1) 십자가 강도는 참 회개를 하였다!

구원을 어떻게 받습니까? 회개와 믿음으로 받습니다. 누구든 회개하고 믿으면 구원받습니다(막 1:15, 행 20:21, 히 6:1).

그런데 십자가 강도는 회개했습니다. 그 증거로, 처음에는 둘 다 예수님을 조롱하다가 구원받은 강도만 돌이켰습니다. 조롱을 멈추고 예수님을 변호했습니다. 회개에 합당한 입술의 열매를 맺었습니다. 동시에, 그는 자신의 죄를 인정하고 자백했습니다.

> 누가복음 23:41 "우리는 우리가 행한 일에 상당한 보응을 받는 것이니 이에 당연하거니와"

우리는 이것을 통해 십자가 강도가 참으로 회개했음을 알 수가 있습니다.

그러나 많은 사람들이 십자가 강도가 행한 것이 무엇이 있느냐? 고 말합니다. 하지만 생각해 보십시오. 그는 십자가에 달려있어서 할 수 있는 것이 없었습니다. 죽을 때까지 생각하고 말하는 것! 두 가지 외에는 할 수 있는 것이 아무것도 없었습니다. 그런데 그의 생각이 바뀌고, 말이 바뀌었습니다. 바뀔 수 있는 것은 다 바뀐 것입니다. 이런 그에게 그가 행한 것이 아무것도 없다고만 말하는 것은 옳은 것이 아닙니다.

(2) 십자가 강도는 참 믿음을 가졌다!

그 당시 많은 사람들이 기적을 행하고 죽은 자를 살리는 예수님을 보고도 믿지 않았습니다. 서기관과 바리새인들뿐 아니라 대제사장들마저 그랬습니다. 그러나 십자가 강도는 십자가에 못 박힌 예수님을 보고 믿었습니다. 또, 그는 "'주의 나라'에 임할 때 나를 기억하소서!"라는 간청이 보여주듯이, 단순히 예수님을 구주가 아니라 왕으로 인정했습니다. 즉, 예수님을 임금과 구주로 믿었습니다.

물론 그렇다고 십자가 강도가 대속의 의미를 온전히 깨달은 것은 아닙니다. 충분히 못 깨달았을 수도 있습니다. 그러나 문제가 되지 않습니다. 왜냐하면 베드로와 제자들도 마찬가지였기 때문입니다. 제자들은 "주는 그리스도시요 살아계신 하나님의 아들이시니이다."(마 16:16)라는 고백대로, 예수님이 메시아요 하나님의 아들이라는 사실을 믿었습니다. 그러나 십자가 죽음은 묻기도 두려워했고(눅 9:44-45), 부활은 아예 믿지 않았습니다. 즉, 아직 십자가나 부활의 의미를 충분히 깨닫지 못한 상태였습니다. 그럼에도 불구하고 제자들은 구원받은 상태였습니다.

이것이 가능한 이유는, 구원을 위해 구약시대에 요구되는 믿음과 신약시대에 요구되는 믿음이 다르기 때문입니다. 또, 이와 마찬가지로 신약시대와 구약에서 신약으로 넘어가면서 십자가에서 성령강림이 있기 전인 과도기에 요구되는 믿음의 수준이 서로 다르기 때문입니다. 그러므로 십자가 강도의 믿음은 주님이 인정하는 참 믿음이었음이 분명합니다.

　이제, 이 둘을 합해보십시오. 십자가 강도는 참으로 회개했고 참 믿음을 갖고 있었습니다. 그러므로 그가 구원을 받아 낙원에 간 것은 지극히 당연한 것입니다. 그리고 이것은 우리가 단순히 믿는다고 천국에 가는 것이 아니라 참 회개와 참 믿음을 가져야 천국에 간다고 주장하는 것과 정확히 일치합니다.

(3) 십자가 강도는 우리와 달리 임종 때 구원받았다.

한 번 죽는 것은 사람에게 정하신 것이고 그 후에는 심판이 있습니다(히 9:27). 그러나 그 전까지는 회개할 기회가 있습니다. 때문에 임종 때 회개하고 믿어도 구원을 받습니다.

십자가 강도는 임종 때 회개하고 믿었습니다. 그러나 행함이 없는 믿음을 가진 수많은 목사와 신자들은 임종 때 믿은 것이 아니지요! 그런데도 십자가 강도를 들먹이며 우리가 말씀대로 살지 않아도 천국에 간다고 주장하는 것은 옳은 것이 아닙니다. 왜냐하면 그는 구원받은 즉시 죽었으나 우리는 계속 이 땅에 살고 있기 때문입니다.

그런데 한 번 구원은 영원한 구원이 아닙니다. 구원받은 사람도 버림받을 수 있습니다. 때문에 얼마든지 결과가 다를 수 있습니다. 일례로, 산상수훈을 생각해 보십시오! 팔복은 완벽한 수준으로는 아닐지라도 회개한 제자들의 특징입니다(마

4:17). 그런 의미에서 회개한 강도도 같은 위치에 있습니다. 이 상태에서 죽으면 천국입니다. 예수님이 팔복의 첫 번째 복과 마지막 복에서 하신 약속이 "천국이 저희의 것임이요"이기 때문입니다. 그러므로 강도가 천국에 간 것이 당연한 것입니다.

하지만, 그렇다고 그 경우처럼 임종 훨씬 전에 믿고 신앙생활 하는 신자들이 말씀대로 살지 않아도 즉, 우발적이거나 일시적인 것이 아니라 지속적인 습관적인 죄를 짓는데도 천국에 가는 것이 아닙니다. 그 증거로, 예수님이 팔복의 사람들인 제자들에게 뭐라고 하셨습니까? 너희가 앞으로 어떻게 살든지 천국에 간다고 하셨습니까? 아니지요!

> 마태복음 5:20 "내가 너희에게 이르노니 너희 의가 서기관과 바리새인보다 더 낫지 못하면 결코 천국에 들어가지 못하리라."

또, 예수님은 "나더러 주여 주여 하는 자마다 다 천국에 들어갈 것이 아니요 다만 하늘에 계신 내 아버지의 뜻대로 행하는 자라야 들어가리라."(마 7:21)라고 못 박아 말씀하셨습니다. 그런데 둘 다 처음 믿을 때가 아니라 그 뒤의 신앙생활을 기준으로 하신 말씀입니다. "그 날에 많은 사람이 나더러 이르되 주여 주여 우리가 주의 이름으로 선지자 노릇 하며 주의 이름으로 귀신을 쫓아내며 주의 이름으로 많은 권능을 행하지 아니하였나이까 하리니"(22-23절)라는 말씀이 그 증거입니다. 그러므로 팔복과 같은 선상에 있는 강도가 천국에 갔다고 그것을 근거로 오래전부터 믿은 서기관과 바리새인보다 나은 의, 즉 행함이 없는 신자들까지 천국에 간다고 생각하면 오산입니다. 그것은 산상수훈에 정면으로 위배되는 것입니다. 그러므로 큰 미혹입니다.

이제, 결론을 말씀드리겠습니다. 결론으로 저는 지난 주 수양관에서 유인천 목사님에게 들은 간증을 소개해 드리고 싶습니다.

2017년 1월 7일, 병원에서 암 치료 중이시던 유인천 목사님의 어머니의 몸 상태가 갑자기 나빠져 혼수상태에 빠졌습니다. 금방이라도 돌아가실 것 같아 급히 '처치실'로 옮겨졌습니다. 그런데 얼마 후 기적적으로 깨어나서 혼수상태 중 겪은 체험을 이야기하셨습니다.

유 목사님의 어머니는 아주 잠깐 눈을 감았다 뜬 것 같았는데, 주변이 온통 꽃으로 둘러싸인 곳으로 옮겨져 있었습니다. 그곳에는 목사님의 어머니 외에도 한 무리의 사람들이 있었습니다.

그때 누군가 다가와 "네가 살 집을 보여주겠다!"라고 하시며 데려갔습니다. 그분은 바로 예수님이셨습니다! 예수님은 언덕에 자리 잡은 집을 보여주셨습니다. 그리고 조금 전에 만났던 무리에 대해 그들은 같은 시간대에 죽어서 천국에 온 사람들이라고 하셨습니다. 그제야 자신이 꿈을 꾸는 것이 아니라 실제로 천국에 왔다는 것을 아셨다고 합니다.

잠시 후, 예수님께서 다시 어딘가로 데리고 가셨습니다. 그곳은 한 치 앞도 보이지 않을 만큼 어두운 곳이었습니다. 예수님께서 손으로 바닥을 가리키시자 한 사람이 거적때기를 두르고 땅 밑에서 올라오는데, 바로 외할아버지였습니다. 잠시 후, 또 한 사람이 똑같은 거적때기를 두르고 땅 밑에서 올라오는데 그분은 외할머니였습니다.

그 후 땅 밑에서 올라오는 또 한 사람을 보고 유 목사님의 어머니는 충격을 받았습니다. 그 사람은 가장 가깝게 지내며 오랫동안 함께 신앙생활을 해온 '남 권사님'이었기 때문입니다. 그 권사님이 천국이 아니라 지옥에 간 것입니다. 그 후, 그분들이 모두 어머니를 향해 "너는 이곳에

올 수 없고 우리는 더 이상 너를 만날 수 없다!"라고 말했습니다. 그리고 혼수상태에서 깨어나셨습니다.

유 목사님의 어머니가 깨어나서 처음 한 말씀은 "예수님이 그러시는데 아직 아니래"였습니다. 막 깨어난 어머니의 얼굴은 이루 표현할 수 없는 감격과 기쁨으로 충만했습니다. 그래서 누나들이 '사람이 이런 표정을 지을 수도 있구나!'라고 생각했다고 합니다.

그런데 천국에서의 일을 말씀할 때와는 달리 어두운 곳에서 만난 외할아버지와 외할머니, 남 권사님으로 인해 심히 안타까워하고 슬퍼하셨습니다. 그리고 가족 모두에게 이렇게 말씀했습니다.

"교회 다닌다고, 신앙생활 한다고 천국 가는 거 아니야. 예수님을 똑바로 믿고 예수님 말씀에 순종

해야 천국에 가는 거야. 나는 주님이 부르셔서 곧 갈 테지만 너희들은 아무 교회나 나가면 안 돼! 인천이가 다니는 교회에 나가!"

이 말을 듣고 유 목사님 아버지께서 "여보, 나도 곧 갈게. 우리 거기서 만나!"라고 하시자 어머니가 단호하게 이렇게 말씀했습니다.

"못 만나요!!! 남 권사님도 저기 어두운 곳에 있는데…"

이 말은 죄를 회개하고 순종하며 신앙생활하지 않으면 천국에 올 수 없다는 말입니다.
 그 후에, 가족들 한 사람 한 사람의 손을 꼭 잡고 "예수님 똑바로 믿고 신앙생활 똑바로 해야 한다"는 말씀을 남기시고 다음 날 하늘나라로 가셨다고 합니다.

참고로, 유 목사님의 어머니는 처음에는 아들이 사랑하는교회에 다닌다고 반대하셨습니다. 호주에서 학업을 중단하고 한국으로 온 것부터 용납이 안 되는데, 한술 더 떠서 이상한 교회 다닌다고 가족과 친지 모두 쌍수를 들고 반대했다고 합니다. 그럼에도 불구하고 유 목사님은 듣든지 안 듣든지 저의 설교와 사사모에서 일어나는 기적들을 계속 소개해 드렸습니다. 그래서 어머니의 마음이 조금씩 열리기 시작했습니다. 그러다가 마침내 주일예배와 토요일 사사모에 한 번씩 참석하게 되셨습니다. 그 후, 가족 모임에서 이렇게 말씀하셨다고 합니다.

"내가 사랑하는교회에 갔다 왔는데, 인천이가 다니는 교회는 절대 이단이 아니다. 그렇게 제대로 말씀 전하는 교회가 없다. 그렇게 사랑으로 섬겨주는 교회가 없다. 너무 좋은 교회다!"

그런데, 혹 어떤 분들은 왜 땅에서 올라오는 사람들이 거적때기를 두르고 올라왔지? 하고 궁금해 하실 수도 있습니다. 지옥에서는 옷을 입고 있지 않습니다. 불에 다 타서 입을 필요가 없습니다. 그러나 유 목사님의 어머니는 정확히 말해서 지옥을 보신 것이 아닙니다. 예수님이 단지 지옥에 간 사람들이 누구인지 보여주신 것뿐입니다. 그래서 그런 모습으로 나타난 것입니다.

이 간증이 보여주듯이, 천국은 오직 하나님의 뜻대로 행하는 자만 들어갑니다(마 7:21). 그러므로 절대로 구원파적인 거짓 구원론에 속지 마십시오. 아버지의 뜻대로 살다가 천국에 들어가는 자가 되십시오. 그리고 십자가 강도의 구원 때문에 혼란스러워하는 분들에게 오늘 배운 것을 잘 설명하면서 올바른 구원론을 널리 전하는 여러분들 되시기 바랍니다.

거룩한 진주의 도서들 1

변승우 목사의 저서

내가 너희에게 복을 주리라!
변승우 | 신국판 | 120면 | 9,000원

우리가 죽을 때까지 초점 맞춰야 할 4가지!
변승우 | 신국판 변형 | 56면 | 5,500원

신앙생활 완벽 가이드
성령의 세 가지 인도!
변승우 | 신국판 | 240면 | 13,000원

더 높은 차원으로 부르시는 하나님!
변승우 | 신국판 | 168면 | 12,000원

신자들이 섬기는 세 가지 우상!
변승우 | 신국판 변형 | 80면 | 7,000원

저자가 쓴 130권 중 대표작!
개신교의 아킬레스건이 된 칭의의 교리
변승우 | 신국판 | 440면 | 23,000원

한국 교회, 개혁 외에는 답이 없다!
쇼킹! 한기총회장과 사무총장의 돈 요구!
변승우 | 신국판 | 188면 | 12,000원

특별기획
다문화TV 초대석 - 인터뷰 전문
사랑하는교회 변승우 목사
변승우 | 신국판 변형 | 64면 | 7,000원

엄선한 천국지옥 방문기!
당신의 영원을 어디서 보낼 것인가?
변승우 편저 | 신국판 | 276면 | 13,000원

영과 혼의 궁금증이 풀리다!
너 자신을 알라!
변승우 | 신국판 | 496면 | 25,000원

저자가 쓴 125권 중 대표작!
당신의 복음은 바울의 복음인가?
변승우 | 신국판 | 444면 | 20,000원

사랑하는 사람을 구원하는 책!
노후준비보다 중요한 사후준비!
변승우 | 신국판 | 184면 | 12,000원
큰글씨 | 신국판 | 232면 | 13,000원

하나님 아빠 아버지!
변승우 | 신국판 변형 | 84면 | 7,000원

우리 산상수훈과 함께 다시 시작해요!(중)
나는 바리새인보다 나은 의를
가지고 있는가?
변승우 | 신국판 | 512면 | 20,000원

유대교의 전철을 밟고 있는 개신교!
변승우 | 신국판 변형 | 80면 | 6,000원

우리 산상수훈과 함께 다시 시작해요!(상)
나는 팔복의 사람인가?
변승우 | 신국판 | 524면 | 20,000원

중심이 미래를 좌우한다!
변승우 | 신국판 | 120면 | 7,000원

은사 사역 필독서!
너희는 더욱 큰 은사를 사모하라!
변승우 | 신국판 | 272면 | 12,000원

이 책 한 권이면 계시록이 보인다!
하나님의 어리석음이 사람보다 지혜롭다!!!
변승우 | 신국판 | 848면 | 33,000원

지옥에 가는 크리스천들
(수정증보판)
변승우 | 신국판 | 424면 | 12,000원

터
변승우 | 신국판 | 292면 | 9,000원

정경의 권위
변승우 | 신국판 | 160면 | 7,000원

다이아몬드 같은 진리!
변승우 | 신국판 | 488면 | 16,000원

예정론의 최고난제: 토기장이의 비유 풀이!
변승우 | 신국판 | 244면 | 12,000원

능력으로 관통되는 복음!
변승우 | 신4.6판 | 76면 | 5,000원
큰글씨 | 신국판 변형 | 84면 | 6,000원

이기는 자가 가는 나라!
변승우 | 문고판 | 48면 | 3,000원
큰글씨 | 신국판 변형 | 56면 | 4,000원

한 가지!
변승우 | 신국판 변형 | 112면 | 6,000원

십일조 대논쟁!
변승우 | 신국판 | 144면 | 7,000원

길
변승우 | 신국판 | 228면 | 7,000원

열방을 위한 하나님의 전략!
변승우 | 신국판 | 184면 | 9,000원

정통보다 더 성경적인 교회!
변승우 | 신국판 | 180면 | 8,000원

하나님의 집인가? 귀신의 집인가?
변승우 | 신국판 변형 | 84면 | 5,000원

당신의 자녀를 하나님의 자녀가 되게 하라!
변승우 | 신국판 변형 | 108면 | 5,000원

참으로 하나님의 은혜를 깨달은 날부터!
변승우 | 신국판 변형 | 64면 | 4,500원

사랑하는교회에 뿌리를 내려라!
변승우 | 신4.6판 | 80면 | 6,000원

제7차 아프리카 선교 보고 오늘도 살아 역사하시는 하나님!
변승우 편저 | 신국판 변형 | 92면 | 7,000원

"아이고 집사님, 아이고 권사님, 아이고 목사님이 왜 지옥에 계시나요?"
신국판 변형 | 52면 | 5,000원

아프리카 선교 현장에서 사도행전이 재현되다!
신4.6판 | 56p | 3,500원

주님, 이 구절은 무슨 뜻인가요?
변승우 | 신4.6판 | 132면 | 6,500원

강남 사는 이작골 스타일 목사의 산소 같은 산행일기 3
변승우 | 4.6배판 변형 | 328면 | 17,000원

부에 대한 균형 잡힌 가르침!
변승우 | 신국판 | 160면 | 8,000원

사랑하는교회는 어떤 교회인가?
변승우 | 신국판 변형 | 108면 | 6,000원

강남 사는 이작골 스타일 목사의 산소 같은 산행일기 2
변승우 | 4.6배판 변형 | 292면 | 16,500원

거룩한진주의 도서들 2

해 아래 가장 명백한 진리! (복음전도용)
변승우 | 문고판 | 24면 | 1,000원
큰글씨 | 신국판 변형 | 24면 | 2,000원

오직 기독교가 길이요 진리요 생명이다!
변승우 | 문고판 | 40면 | 2,000원
큰글씨 | 신국판 변형 | 48면 | 3,000원

성경이 흔들리면 기독교가 무너진다!
변승우 | 신국판 | 164면 | 7,000원

평생 되새겨야 할 가장 중요한 진리!
변승우 | 신국판 변형 | 104면 | 7,000원

동성애 쓰나미!
변승우 | 신국판 | 328면 | 13,000원

믿음의 말씀 바로 알기!
변승우 | 신국판 변형 | 168면 | 8,000원

스카이(SKY)보다 크신 하나님!
변승우 | 신4.6판 | 76면 | 5,000원

하나님께 나아가자!
변승우 | 신국판 변형 | 92면 | 6,000원

하나님의 시선을 끄는 겸손!
변승우 | 신4.6판 | 48면 | 4,000원

땅에 떨어지는 예언들!
변승우 | 신국판 | 216면 | 11,000원

믿음으로 자백하라!
변승우 | 신국판 변형 | 160면 | 7,000원

전염병 경보 발령!
변승우 | 신국판 변형 | 84면 | 5,000원

사랑하는교회(舊 큰믿음교회) 이단시비 종결되다!
변승우 편저 | 신국판 | 196면 | 6,000원

교회를 허무는 마귀의 교리 은사중지론!
변승우 | 신4.6판 | 60면 | 6,000원

당신의 고백을 점검하라!
변승우 | 신국판 변형 | 64면 | 4,000원

종말론 바로 알기!
변승우 | 신국판 변형 | 88면 | 4,500원

아~ 믿으라는 말이 이런 뜻이었구나?
변승우 | 신국판 변형 | 96면 | 5,000원

알면 사랑할 수밖에 없는 하나님
변승우 | 신4.6판 | 40면 | 2,000원

하나님이 주신 비전!
변승우 | 신4.6판 | 136면 | 4,000원

?
변승우 | 신국판 | 312면 | 11,000원

하나님의 부르심
변승우 | 신4.6판 | 60면 | 2,500원

하나님의 선물
변승우 | 신4.6판 | 128면 | 4,000원

크리스천의 문화생활
변승우 | 신4.6판 | 64면 | 2,500원

사랑받고 사랑하는 사람!
변승우 | 신4.6판 | 120면 | 4,000원

강남 사는 이작골 스타일 목사의 산소 같은 산행일기
변승우 | 4.6배판 변형 | 312면 | 16,500원

성경이 무엇을 말하느냐?
변승우 | 신국판 변형 | 168면 | 5,000원

나는 행복합니다
변승우 | 신4.6판 | 124면 | 4,000원

박해
변승우 | 신국판 변형 | 140면 | 5,000원

과부 명부!
변승우 | 신4.6판 | 120면 | 2,500원

멍에
변승우 | 신국판 | 200면 | 5,000원

하나님이 절대주권으로 예정하셨다고요?
변승우 | 신국판 | 296면 | 8,000원

대질심문
변승우 | 신국판 | 324면 | 6,000원

천국의 가장 작은 자가 어떻게 세례 요한보다 클 수가 있나?
변승우 | 신국판 변형 | 96면 | 3,000원

계시
변승우 | 신국판 | 124면 | 4,000원

자의식 대수술!
변승우 | 신국판 | 184면 | 4,500원

종교개혁보다 나를 개혁하는 것이 더 중요하다!
변승우 | 신국판 | 348면 | 9,000원

내가 너희를 사랑한 것같이!
변승우 | 신국판 | 200면 | 4,500원

예언을 멸시하지 말라!
변승우 | 신국판 | 190면 | 5,000원

올바른 성경 읽기
변승우 | 신국판 | 120면 | 6,000원

청년이 무엇으로 그의 행실을 깨끗하게 하리이까?
변승우 | 신국판 | 104면 | 5,000원

풋대
변승우 | 신국판 | 184면 | 5,000원

용서는 나를 위한 것이다!
변승우 | 신국판 | 114면 | 4,000원

종교개혁은 아직 끝나지 않았다!
변승우 | 신국판 | 148면 | 5,500원

주께서 보여주신 선 (善)
변승우 | 신국판 | 118면 | 4,500원

할렐루야!
변승우 | 신국판 | 148면 | 4,500원

기름부음 받은 자를 존중하라!
변승우 | 신국판 | 98면 | 7,000원

미혹
변승우 | 신국판 | 136면 | 7,000원

내가 꿈꾸어온 교회
변승우 | 신국판 | 148면 | 4,000원

교회여~ 추수꾼들을 일으켜라!
변승우 | 신국판 | 142면 | 7,000원

습관적인 죄에 대한 새로운 이해!
변승우 | 신국판 | 112면 | 7,000원

예수님이 전부입니다!
변승우 | 신국판 | 114면 | 7,000원

| 거룩한진주의 도서들 3 |

하나님은 용기 있는 사람을 쓰신다!
변승우 | 신국판 | 128면 | 5,000원

주의 음성을 네가 들으니!
변승우 | 신국판 | 128면 | 8,000원

실전 영분별
변승우 | 신국판 | 172면 | 9,000원

여호와의 산, 그 거룩한 곳!
변승우 | 신국판 | 112면 | 4,000원

1세기의 사도와 오늘날의 사도
변승우 | 신국판 | 161면 | 5,000원

장로 그리고 당회는 과연 성경적인가?
(수정증보판)
변승우 | 신국판 | 112면 | 5,000원

패러다임의 전환이 필요한 전통적인 계시관
변승우 | 신국판 | 176면 | 5,000원

날 사랑하심! 날 사랑하심~
변승우 | 신국판 | 176면 | 9,000원

교회가 변하면 세상이 변한다!
변승우 | 신국판 | 250면 | 7,000원

월드컵보다 더 중요한 경기
변승우 | 신국판 변형 | 130면 | 3,500원

말씀 말씀 하지만 성경에서 벗어난 제자 훈련
변승우 | 신국판 변형 | 183면 | 5,000원

긴급수혈
변승우 | 신국판 변형 | 73면 | 5,000원

그 시에 주시는 그 말을 하라! 즉흥 설교 제5권
변승우 | 신국판 변형 | 264면 | 7,000원

그 시에 주시는 그 말을 하라! 즉흥 설교 제4권
변승우 | 신국판 변형 | 292면 | 7,000원

그 시에 주시는 그 말을 하라! 즉흥 설교 제3권
변승우 | 신국판 변형 | 293면 | 7,000원

그 시에 주시는 그 말을 하라! 즉흥 설교 제2권
변승우 | 신국판 변형 | 305면 | 7,000원

그 시에 주시는 그 말을 하라! 즉흥 설교 제1권
변승우 | 신국판 변형 | 304면 | 7,000원

양신역사
변승우 | 신국판 변형 | 147면 | 7,000원

명목상의 교인인가? 미성숙한 신자인가?
변승우 | 신국판 변형 | 84면 | 5,000원

정통의 탈을 쓴 짝퉁 기독교
변승우 | 신국판 변형 | 295면 | 5,500원

예수빵 (개정판)
변승우 | 신국판 변형 | 116면 | 7,000원

가짜는 진짜를 핍박한다!
변승우 | 신국판 변형 | 163면 | 5,500원

구원에 이르는 지혜
변승우 | 신국판 변형 | 104면 | 4,500원

꺼져가는 등불, 양심
변승우 | 신4.6판 | 87면 | 2,500원

열방이 너희를 복되다 하리라!
변승우 | 신4.6판 | 77면 | 4,000원

하나님의 인자와 엄위 그 가운데 생명의 좁은 길이 있습니다!
변승우 | 신4.6판 | 156면 | 4,000원

여호와의 입에서 나오는 말씀
변승우 | 신국판 | 268면 | 10,000원

특별히 예언을 하려고 하라!
변승우 | 신국판 | 314면 | 9,000원

목사님, 어떻게 해야 마음이 청결한 자가 될 수 있나요?
변승우 | 문고판 | 90면 | 2,000원

좋은 씨와 맑은 물
변승우 편저 | 신국판 | 300면 | 5,000원

진짜 구원받은 사람도 진짜 버림받을 수 있다!
변승우 | 신국판 | 360면 | 13,500원

Am I a Person of the Beatitudes?
나는 팔복의 사람인가? [영문]
변승우 | 신국판 | 528면

A Book That Will Save The Ones We love
An Afterlife Plan More Important Than One's Retirement Plan!
노후준비보다 중요한 사후준비! [영문]
변승우 | 신국판 | 164면

The Book of Acts Reenacted : Missions in Africa!
아프리카 선교 현장에서 사도행전이 재현되다! [영문]
신4.6판 | 60면 | 3,500원

A Selection of Testimonies on Heaven and Hell!
Where Will You Spend Your Eternity?
당신의 영원을 어디서 보낼 것인가? [영문]
변승우 편저 | 신국판 | 236면

Christians Going to Hell
지옥에 가는 크리스천들 [영문]
변승우 | 신국판 변형 | 300면

The Foundation
터 [영문]
변승우 | 신국판 | 256면

根基
터 [중문]
변승우 | 신국판 변형 | 188면

Am I a Person of the Beatitudes?
나는 팔복의 사람인가? [영문]
변승우 | 신국판 | 528면

Truth Like a Diamond!
다이아몬드 같은 진리! [영문]
변승우 | 신국판 | 495면

The Gospel Pervaded by Power
능력으로 관통되는 복음! [영문]
변승우 | 신국판 변형 | 41면

거룩한 진주의 도서들 4

大能贯通的福音
능력으로 관통되는 복음! [중문]
변승우 | 신국판 변형 | 44면

The Kingdom of Overcomers
이기는 자가 가는 나라! [영문]
변승우 | 신국판 변형 | 52면

得胜者所进的国
이기는 자가 가는 나라! [중문]
변승우 | 신국판 변형 | 36면

**When the Church Changes,
the World Changes!**
교회가 변하면 세상이 변한다! [영문]
변승우 | 신국판 | 220면

教会改变世界就会改变
교회가 변하면 세상이 변한다! [중문]
변승우 | 신국판 | 212면

The Clearest Truth Under the Sun
해 아래 가장 명백한 진리! [영문]
변승우 | 신국판 변형 | 44면

**Christianity Alone Is the Way,
and the Truth, and the Life!**
오직 기독교가 길이요 진리요 생명이다! [영문]
변승우 | 신국판 변형 | 52면

救いに至る知恵
구원에 이르는 지혜 [일본어]
변승우 | 문고판 | 102면

得救的智慧
구원에 이르는 지혜 [중문]
변승우 | 신국판 변형 | 96면

동역자 도서

영광에서 영광으로
김옥경 | 신국판 | 360면 | 12,000원

From Glory to Glory
영광에서 영광으로 [영문]
김옥경 | 신국판 변형 | 336면

**치유에 대한 성경적인 3가지 원리
치유티칭**
진성원 | 신4.6판 | 96면 | 6,000원

김동욱 목사 명설교 모음
김동욱 | 신국판 | 232면 | 15,000원

물러서지 않는 것이 신앙이다!
이윤석 | 신4.6판 | 80면 | 3,000원

**문맥 안에서 다시 보는
로마서 난해구**
이동기 | 신국판 | 296면 | 15,000원

믿음의 순종
이동기 | 신4.6판 변형 | 72면 | 4,500원

**팩트 체크!
"변승우 목사가 신사도 운동을 한다?"**
이동기 외 2인 | 신4.6판 | 72면 | 4,000원

**'주께서'
이 안에 치유의 비결이 있다!**
이길용 | 신4.6판 | 116면 | 3,500원

하나님이 창안하신 부부질서
김원호 | 신국판 변형 | 273면 | 8,000원

읽는 자는 깨달을 찐저!
강순방 | 신국판 | 184면 | 5,000원

Let the Readers Understand!
읽는 자는 깨달을 찐저! [영문]
강순방 | 신국판 | 184면

번역서

그 발 앞에 엎디어
썬다 싱 | 신국판 변형 | 152면 | 10,000원

아주사 부흥 그 놀라운 간증
토미 웰첼 | 신국판 변형 | 200면 | 12,000원

가브리엘 천사를 만나다
롤랜드 벅 | 찰스 & 프랜시스 헌터 엮음 | 신국판 | 288면 | 15,000원

주여! 내 마음을 살피사
찰스 G. 피니 | 신국판 | 376면 | 8,500원

가브리엘 천사를 만난 사람
롤랜드 벅·샤론 화이트 | 신국판 | 246면 | 7,700원

마귀들에 대한 놀라운 계시
하워드 O. 피트만 | 신국판 | 196면 | 12,000원

목사님, 십자가 강도의
구원이 궁금해요!

발행일 2024년 5월 28일 초판 1쇄
지은이 변승우
발행인 변승우
발행처 도서출판 거룩한진주
주 소 서울 송파구 위례성대로22길 27-22 (우) 05655
전 화 02-586-3079
팩 스 02-523-3079
Website http://www.belovedc.com
http://cafe.daum.net/Bigchurch (B 대문자)
http://www.youtube.com/c/gfctvmedia

ISBN 979-11-6890-052-3 02230

저작권자의 허락 없이 이 책의 일부 또는 전체를 무단 복제, 전재, 발췌하면 저작권법에 의해 처벌을 받습니다.